P. PISANI

CHANOINE DE PARIS

L'ÉGLISE ET LE DIVORCE

LES PROCÈS EN NULLITÉ DE MARIAGE

DEVANT

LES TRIBUNAUX ECCLÉSIASTIQUES

EXTRAIT DU *CORRESPONDANT*
(10 octobre 1904)

PARIS

L. DE SOYE ET FILS, IMPRIMEURS

18, RUE DES FOSSÉS-SAINT-JACQUES, 18

1904

L'ÉGLISE ET LE DIVORCE

LES PROCÈS EN NULLITÉ DE MARIAGE
DEVANT LES TRIBUNAUX ECCLÉSIASTIQUES

P. PISANI

CHANOINE DE PARIS

L'ÉGLISE ET LE DIVORCE

LES PROCÈS EN NULLITÉ DE MARIAGE

DEVANT

LES TRIBUNAUX ECCLÉSIASTIQUES

EXTRAIT DU *CORRESPONDANT*
(10 octobre 1904)

PARIS

L. DE SOYE ET FILS, IMPRIMEURS
18, RUE DES FOSSÉS-SAINT-JACQUES, 18

1904

L'ÉGLISE ET LE DIVORCE

Est-il vrai, comme on l'entend souvent dire aujourd'hui, que l'Eglise, sacrifiant quelque chose de principes qu'on croyait immuables, ait atténué la sévérité des lois qui régissent le mariage et en assurent l'indissolubilité? Si vous dites que non, on vous demandera alors pourquoi ces nullités de mariages prononcées depuis quelques années, et dont plus d'une n'a pas laissé d'avoir un fâcheux retentissement dans le monde où on raisonne sur les affaires ecclésiastiques. N'est-ce pas la preuve que la loi de 1884 a influé sur la discipline religieuse, et que, sous un nom différent, le divorce est pratiquement admis par l'Eglise?

Rien n'est plus inexact; les cas de nullité de mariage sont réglés par une législation séculaire, à laquelle rien, absolument rien, n'a été ajouté dans ces vingt dernières années. Si le nombre croissant des divorces a multiplié en France celui des gens qui recourent à une demande en nullité, l'Eglise n'a rien changé sur ce point aux enseignements traditionnels qui constituent le corps de sa doctrine.

Il est vrai que, parmi ces enseignements, il en est peu, à l'heure présente, qui soient plus contestés et plus attaqués que ceux qui consacrent l'indissolubilité du mariage; je crois aussi qu'il n'en est guère qui soient aussi peu connus et aussi mal entendus par la masse des gens qui en parlent. Rien n'est cependant plus précis que cette doctrine, base immuable sur laquelle reposent l'union et la perpétuité des familles, et, par suite, l'ordre social tout entier. Il a semblé à nos contemporains que c'était là un fardeau intolérable que de prendre le joug pour la vie entière, de s'associer pour la bonne et la mauvaise fortune, de s'obliger à supporter et à pardonner des défauts et des torts réciproques, de tenir tête à ses passions, de ne pas être à la merci de ses fantaisies, et cela pour toujours, à un moment où toute contrainte paraît une servitude, où tout effort moral répugne à des caractères amoindris par le besoin impérieux et presque maladif de jouissances faciles et immédiates. Le divorce est donc entré dans notre société française, divisant les familles et bouleversant les foyers, compromettant l'avenir des enfants et empoi-

sonnant les esprits inconsidérés par le venin de ses sophismes.
Encore les facilités qu'il donne sont-elles jugées insuffisantes; le
motif tiré du consentement mutuel n'est pas inscrit dans la loi; si
vous répondez que cet obstacle dérisoire se laisse complaisamment
tourner par l'habileté des procéduriers, on va plus loin, et on
demande que le consentement de l'une seule des parties permette
le divorce; le mariage ne serait plus désormais qu'une contre-
façon légale de l'union libre.

Pendant que l'Église assiste attristée à ces destructions, voici
que certains de ses amis s'approchent d'elle et lui insinuent que
le moment paraît venu de faire quelques concessions : « Il faut
tenir compte des nécessités du temps présent, ne pas s'enfermer
dans la tour d'ivoire des abstractions, et avoir égard aux angoisses
d'âmes honnêtes et chrétiennes qui sont victimes de son intran-
sigeance : engagées malgré elles dans l'impasse du divorce, elles
aspirent à en sortir pour recommencer leur vie... C'est un jeune
mari, honteusement trahi, qui a dû éloigner de ses enfants
l'action corruptrice d'une créature perverse et qui demande à
rendre une mère à ces abandonnés... C'est une femme délaissée
à la fleur de l'âge, et qui, seule au monde, exposée à mille
dangers, veut consacrer à un homme capable de la comprendre
tout ce que Dieu lui a donné de grâce et de tendresse. Mais non !
l'Église se montre sourde à leurs supplications; inexorable, elle
repousse ces infortunés, au risque de les acculer à de coupables
extrémités ! »

Ceux qui parlent ainsi oublient que c'est comme gardienne des
lois sociales que l'Église défend les hommes contre leurs propres
entraînements; elle ferait un métier de dupe si, passant dans le
camp adverse, elle fournissait des armes contre elle, car ceux qui
entreprennent de disloquer le mariage veulent avant tout le
déchristianiser : pour beaucoup d'entre eux, le principal mérite
du divorce est d'être réprouvé par l'Église, et l'Église les embar-
rasserait fort si elle déférait à leurs mises en demeure. Mais
l'Église ne le peut pas : ce serait abandonner au loup le troupeau
dont elle a la garde. On objecte que le divorce fait des victimes
intéressantes : intéressantes, certes; mais qu'on se souvienne du
frappant apologue de M. Bourget : « Il se trouve à bord d'un
vaisseau infecté par la peste un voyageur qui peut avoir un intérêt
capital à débarquer dans un port en vue duquel on va passer : le
capitaine prendra-t-il sur lui de le mettre à terre au risque de
contaminer une cité populeuse? » Non, il le retiendra à bord. En
fait de lois, il n'y a pas de compromis possible; il n'y a pas de
porte entre-bâillée : là où un seul a passé, la foule a le droit d'en-

trer, et l'Eglise n'ouvrira pas la porte qu'elle a la consigne de tenir fermée.

Des unions ont été malheureuses : la souffrance n'est-elle pas le lot de la majorité du genre humain? Il faut savoir souffrir, on l'oublie trop de nos jours, et pour beaucoup cependant, la souffrance est le chemin du salut. Quant aux malheureux sur lesquels on nous apitoie, savons-nous si, en contractant le mariage dont ils subissent les cruelles conséquences, ils ne cédaient pas à des mobiles peu supérieurs d'ambition ou d'intérêt, ou si, en s'engageant à la légère, ils n'ont pas été au-devant de la catastrophe dont ils se voient maintenant les victimes? Si j'avais su! disent-ils. Pourquoi n'ont-ils pas su! Peut-on faire annuler le prêt qu'on a fait à un mauvais débiteur par la raison qu'on ne le savait pas insolvable? Pourquoi n'a-t-on pas pris pour se marier les précautions qu'on ne néglige pas avant de placer une somme d'argent?

Pendant que parlent les défenseurs de la transaction, un autre son de cloche se fait entendre : « L'Eglise, affirment des gens bien intentionnés, est gravement imprudente en montrant une condescendance regrettable à l'égard des divorcés. Depuis quelques années, il semble que les principes sont tombés dans l'oubli : on n'entend plus parler que d'annulations prononcées par les tribunaux ecclésiastiques... Est-ce donc que la loi fatale du divorce, entrée dans les mœurs publiques, aurait pénétré jusque dans le sanctuaire? Ces funestes concessions font un mal inimaginable! » Ces personnes faciles à scandaliser ajoutent, en baissant la voix, que ce qui est plus désolant encore, c'est que ces soi-disant annulations sont obtenues à prix d'argent : elles le savent, on le leur a affirmé; les marchands sont rentrés dans le temple et y ont installé leur boutique... Qui se chargera de les expulser? Notez que ces venimeuses insinuations ne sont pas colportées par des laïques mal au courant des choses ecclésiastiques, mais par des dames pieuses qui vont tous les jours à la messe et, moins rarement qu'on pourrait le penser, par des prêtres vertueux et austères qui se font les instruments aveugles de ces diffamations dirigées contre l'Eglise. Le mauvais propos fait son chemin : il traverse les salons où de bonnes langues se chargent de le commenter et de l'amplifier; il finit par échouer dans un journal où, avec la suprême autorité que lui donne son incompétence, un vengeur de la morale se répand en déclamations farouches contre les pratiques odieuses et la vénalité éhontée des gens d'Eglise. Le bon chrétien qui lit cela s'étonne, mais il lui reste un souvenir vague de ces accusations et si plus tard il entend parler d'une demande en nullité de mariage, il hoche la tête d'un air entendu et dit : « Ah ! oui, je sais : ce n'est qu'une affaire d'argent ! »

Appelé par mes fonctions à étudier de nombreuses procédures matrimoniales, je ne viens pas cependant plaider ici une cause qui me serait personnelle. Mettre les gens de bien en garde contre des préjugés, des erreurs, des mensonges qui égarent les esprits et troublent les consciences, c'est, semble-t-il, un motif suffisant pour aborder devant un public instruit et croyant quelques questions qui ne laissent pas d'être parfois épineuses. J'examinerai d'abord le droit qu'a l'Eglise de créer des empêchements au mariage et de prononcer la nullité des unions contractées au mépris des règles qu'elle a posées ; après avoir passé en revue les plus communs des cas où le mariage se trouve invalide, je terminerai en faisant un exposé rapide des procédures canoniques en matière matrimoniale. Je me tiendrai pour satisfait si j'ai pu servir ainsi la cause de la vérité, qui se confond avec celle de l'Eglise.

I

L'Eglise a-t-elle le droit de déclarer la *nullité* de certains mariages ?

Il convient de rappeler ici qu'il y a dans le mariage, tel que le comprennent les institutions actuellement en vigueur en France, deux éléments distincts : le contrat civil et le sacrement. Le contrat, en tant qu'il produit des effets civils, relève du Code, et ce sont les tribunaux civils qui ont à examiner les contestations auxquelles il peut donner naissance. Il n'en est pas ainsi dans les pays comme l'Espagne ou l'Angleterre ; le fait de se présenter devant le prêtre y constitue l'unique formalité nécessaire : la déclaration faite devant un officier public n'a d'autre effet que d'assurer au contrat les conséquences juridiques et sociales qui découlent des lois civiles. En France, aucun ministre du culte ne peut bénir un mariage si les conjoints ne lui présentent une pièce établissant qu'ils sont d'abord passés par la mairie, mais, pour la plupart des Français, le vrai mariage est celui qui se contracte devant le prêtre. En tout cas, les effets religieux du mariage sont rattachés à la réception du sacrement.

Or, pour admettre un fidèle à recevoir un sacrement, l'Eglise a le droit de lui imposer certaines conditions, et d'exiger de lui certaines dispositions : ne pas remplir ces conditions, manquer de ces dispositions permet à l'Eglise de refuser l'agrément qu'on vient lui demander, et qu'elle se réserve de ne donner qu'à ceux

qui sont en règle avec sa loi. Tel est le principe des empêchements au mariage : l'Eglise n'enregistre pas aveuglément et
comme automatiquement la déclaration de tous les couples qui
viennent lui dire leur intention de s'unir par mariage : elle a
charge d'âmes, et ne se prête pas à sanctionner des conventions
qui ne lui paraissent pas exemptes de dangers. Toutefois, comme
les lois ecclésiastiques sont empreintes d'une grande mansuétude,
la sanction n'est pas la même pour tous les empêchements :
dans bien des cas, l'Eglise ferme les yeux sur l'omission d'une
formalité utile, mais non absolument indispensable : elle exige,
par exemple, autant dans l'intérêt des parties que dans celui de
la société, cette publicité préalable qui se fait par la publication
des bans ; mais si les bans ont été omis, le mariage n'est pas nul,
car l'empêchement était seulement de ceux qu'on appelle *prohibi-*
tifs ; l'acte n'était pas complètement régulier ou, pour me servir
du terme canonique, il n'était pas licite, mais il est valide ; il y a
eu probablement une faute commise, un péché dont l'auteur devra
se faire absoudre, mais le mariage n'est pas frappé de nullité.

Dans d'autres cas, la loi ne peut pas être aussi indulgente, et
l'omission d'une condition requise à peine de nullité fait que le
mariage doit être considéré comme n'existant pas : il y avait un
empêchement *dirimant*, c'est-à-dire qui *dirime* ou *sépare* ceux
qui se croyaient faussement en possession du droit de s'unir.
Que l'existence de cet empêchement dirimant soit juridiquement
démontrée et le mariage sera, non pas cassé, comme on le dit
communément, mais reconnu et déclaré nul : il n'y a eu, il ne
pouvait pas y avoir de mariage, et le jugement ne fait que le
constater. Deux cousins germains veulent se marier ensemble :
pour s'éviter les formalités d'une demande de dispense, ils dissi-
mulent au prêtre leur parenté ; ils peuvent se présenter à l'église,
écouter l'exhortation et recevoir la bénédiction, ils ne sont pas
mariés : la cérémonie n'a eu aucune valeur, car les futurs n'étaient
pas capables de contracter : la grâce sacramentelle a été refusée à
ceux qui ont tenté de tromper le prêtre et de frauder la loi. Ils
devront solliciter une dispense et, quand ils l'auront obtenue,
faire valider leur union, en renouvelant leur consentement
devant qui de droit. Mais si, dans l'intervalle, leurs dispositions
ont changé, s'ils n'éprouvent plus l'un pour l'autre que de la
répulsion et ne veulent pas se réconcilier, si, par conséquent, ils
refusent de demander la dispense, ils ne sont pas regardés par
l'Eglise comme mariés, car ils ne l'ont jamais été. Il en est ainsi
des autres empêchements dirimants ; qu'ils soient propres à la
législation ecclésiastique ou qu'ils se rencontrent à la fois dans la

loi canonique et dans la loi civile, ils s'opposent à la conclusion du mariage. La fonction des officialités diocésaines qui jugent en première instance, et des congrégations romaines, devant lesquelles est porté l'appel des sentences épiscopales, consiste uniquement à constater si oui ou non le mariage contesté se trouve entaché du vice qui en rendrait l'existence fictive et l'invalidité manifeste.

On comprend le rôle des juridictions ecclésiastiques, on voit que l'objet de leur compétence est complètement distinct de ce qu'ont à juger les tribunaux civils. J'ai cependant connu des gens qui ne saisissaient pas cette distinction : invités à venir donner sur une cause des éclaircissements qui devaient aider à découvrir la vérité, ils se sont pris d'indignation en pensant qu'il se trouvait des prêtres assez audacieux pour empiéter sur les droits sacrosaints de l'Etat. Il m'est passé sous les yeux une collection instructive de lettres furibondes écrites pour récuser la compétence du tribunal ecclésiastique : « Je ne connais, dit l'un, que la justice de mon pays. » — « Je repousse avec mépris, dit l'autre, la convocation de votre prétendu tribunal. » En général, ces lettres paraissent écrites par des individus aussi mal élevés que mal renseignés. « Quand vous avez voulu vous marier, cher Monsieur, il vous était loisible de vous contenter de la cérémonie de la mairie; si elle vous paraissait un peu froide, vous pouviez y ajouter fleurs, musique, discours et buffet; cependant, pour des raisons qui vous ont paru déterminantes, vous avez désiré une cérémonie religieuse : ce n'est pas votre curé qui vous a fait violence, il n'a pas couru après vous; c'est vous qui, librement, avez demandé la bénédiction de l'Eglise, et librement vous êtes venu, muni d'un billet de confession, à votre église paroissiale; vous n'avez pas songé, ce jour-là, à protester contre les envahissements de l'Eglise, et vous vous êtes incliné devant sa juridiction. Or, si le mariage que vous avez, de votre plein gré, fait sanctionner par l'Eglise présente un vice constitutif, à qui appartient-il d'en connaître, sinon à l'autorité que vous avez reconnue compétente pour le célébrer? Si vous vous adressiez au juge de paix ou au procureur de la République, ils vous répondraient que ce contrat passé devant l'Eglise ne les regarde pas, la justice civile ne connaissant pas les contestations en matière spirituelle; si l'Eglise a reçu votre consentement dans des conditions défectueuses, si une erreur a été commise, laissez-lui reconnaître et réparer son erreur elle-même; seule elle est capable de le faire utilement. » Ce petit raisonnement vaut bien, il faut en convenir, quatre pages d'invectives prudhommesques.

II

Quels sont les empêchements qui peuvent amener la nullité d'un mariage?

Toute législation, si primitive qu'elle soit, contient des dispositions qui réglementent l'union de l'homme et de la femme en vue de la fondation d'une famille; dans les sociétés de civilisation chrétienne, ces dispositions, empruntées primitivement au droit canonique, s'écartent peu des prescriptions de l'Église. Pour s'engager dans le mariage, comme pour se lier par n'importe quel autre contrat, il est des conditions préalables de capacité, dont les unes découlent du droit naturel et les autres du droit positif. Le sexe, l'âge, la parenté naturelle ou adoptive, créent pour le mariage de certains individus un empêchement qui est, ou absolu, comme l'âge, ou relatif à des personnes déterminées. Il répugne absolument de penser qu'un père épousera sa fille, qu'un frère deviendra le mari de sa sœur, et cette prohibition du mariage entre parents a été poussée, suivant les temps et les lieux, jusqu'à des limites différentes. La loi française prohibe le mariage d'un oncle avec sa nièce, d'une tante avec son neveu (C. Civ. 163), celui des beaux-frères et belles-sœurs (C. Civ. 162); mais admet que, pour des causes graves, il soit accordé une dispense. L'Église étend ces empêchements jusqu'au quatrième degré (petits-enfants de cousins germains : mais là où le droit naturel n'est pas intéressé, elle met une grande largeur dans la concession de ses dispenses; elle rappelle aux intéressés le danger, expérimentalement établi, des unions consanguines, et si des raisons sont apportées pour motiver l'exception, elle l'accorde. Elle applique les mêmes règles à la parenté par alliance et à l'affinité, illégitime à ses yeux, qui résulte d'unions qu'elle n'aurait pas bénies : ainsi, par exemple, celui qui, après un mariage purement civil, serait devenu veuf et voudrait épouser devant l'Église la sœur de sa première femme, aurait besoin d'obtenir la dispense d'affinité, car il y a là un empêchement dirimant.

La différence de religion crée également un empêchement qui doit être levé par une dispense; la raison en est claire : pour être capable de participer à un sacrement, il faut appartenir à l'Église. Quand on autorise une union mixte, il faut tout au moins que la dispense soit sollicitée par la partie catholique, et que la partie non-catholique s'engage à laisser élever les enfants dans la religion catholique. Cet engagement est toujours pris : l'expérience nous apprend qu'il n'est pas toujours observé, et ce n'est pas un des moindres inconvénients des mariages mixtes: c'est ce qui oblige l'Église à multiplier les garanties qu'elle exige en faveur de la partie catholique avant de donner la dispense.

Entre les « non-catholiques », l'Église distingue ceux qui sont baptisés et ceux qui ne le sont pas: pour les premiers, par exemple, la plupart des protestants, elle ne se résigne pas à les regarder comme n'étant pas un peu ses enfants, et l'empêchement est seulement prohibitif: il serait dirimant pour le mariage contracté sans dispense avec un israélite, un musulman, un païen: la constatation de la « disparité de culte » suffit dans ce cas pour que le mariage soit entaché de nullité.

Les conditions à remplir pour assurer la capacité de contracter un mariage chrétien se réduisent donc, en fait, à deux : absence de parenté ou d'affinité à un degré défendu, communauté de croyances et, comme je l'ai déjà dit, la dispense est accordée toutes les fois qu'il est reconnu qu'elle peut être accordée sans inconvénient.

Un autre ordre d'empêchements est tiré des formalités extérieures qui sont exigées et, sur ce chapitre, le Code civil se montre beaucoup plus difficile à satisfaire que la loi canonique. Elle demande un domicile continu de six mois dans la commune (art. 74), une publicité assurée par l'affichage à la mairie (art. 63-65), le consentement des parents (art. 73, 148 à 158), la présence de quatre témoins (art. 75). L'accomplissement de ces formalités oblige à une quantité de démarches, de correspondances et de frais. Si les parents, qui doivent consentir au mariage, sont morts, il faut produire leur acte de décès, alors même que le futur serait septuagénaire : on ne sait pas toujours où trouver ces actes, et il faut cependant les représenter; que les futurs soient fils d'étrangers, il faut que les actes soient accompagnés d'une traduction authentique: si ces actes sont dressés d'après une législation étrangère, un jurisconsulte doit établir un « certificat de coutume », prouvant que ces actes sont rédigés conformément à la loi du pays d'où ils viennent. Si les parents sont vivants et ne peuvent assister en personne au mariage, ils doivent envoyer leur consentement, mais ce consentement doit être constaté par acte public. Cet enchevêtrement de formalités décourage les gens du peuple qui s'y perdent, si une société charitable ne leur vient pas en aide: les garanties réclamées par la loi se retournent contre elle, et beaucoup de faux ménages ne sont tels que parce que le temps, l'argent et la patience ont manqué à ceux qui ne demandaient qu'à s'unir régulièrement.

Avec moins de paperasserie, et une certaine largeur d'interprétation, l'Église demande les mêmes garanties d'âge et de domicile, mais l'absence de consentement de la part des parents n'est pas regardée comme un empêchement dirimant. Par contre, l'Église exige une formalité que la loi civile ne connait pas : le mariage doit être contracté devant le curé de l'une des deux parties, ou devant un prêtre qui le représente, et cette prescription n'est pas sans avoir parfois des conséquences embarrassantes. Tel est celui de ces futurs qui, pour des motifs souvent futiles, décident qu'ils se marieront ailleurs que dans leur paroisse : l'église où ils devraient se présenter est sombre, d'un accès difficile ; elle n'a pas, comme telle autre, un beau péristyle devant lequel pourront accoster les équipages de la noce : demander une autorisation pour des raisons aussi minces serait peine perdue, on essaie de ruser en déclarant un faux domicile ; pour le cas où le vicaire, méfiant, ferait vérifier la déclaration, un concierge suffisamment stylé et rémunéré est prêt à certifier que la personne en question est bien « sa locataire ». Le jour du mariage, une longue file de carrosses vient déposer les invités en grande toilette sous le fameux péristyle, mais le mariage est nul, comme n'ayant pas été contracté devant un prêtre ayant qualité pour y assister validement.

Parfois, ce n'est pas la vanité qui pousse à la fraude, mais un sentiment plus légitime : un deuil récent, un précédent mariage qui a eu des suites douloureuses ; au lieu de demander une autorisation qui n'est pas refusée à quiconque produit des raisons plausibles, on tourne encore la loi... et on n'est pas validement marié !

Il peut arriver que les futurs conjoints ne soient pas responsables du désagrément qui leur arrive : un membre de la Maison de France avait accepté d'être témoin dans un mariage et, pour éviter au prince un voyage en province, on avait résolu de venir célébrer le mariage à Paris. Les mariés et leurs parents descendirent dans un hôtel et organisèrent une cérémonie magnifique : la décoration de l'église, les chants, le discours de l'évêque furent justement admirés ; mais on avait oublié une chose : la délégation du curé compétent ; le mariage était nul ; quand on y prit garde, une des parties prétendit s'en prévaloir, et ce ne fut pas sans causer un gros scandale dont on parle encore.

Ces erreurs n'ont pas toujours des conséquences aussi graves : j'ai connu un premier vicaire, homme pieux et charitable, mais peu versé dans le droit ecclésiastique et dans la géographie paroissiale ; il inscrivait et mariait tous ceux qui se présentaient à lui ; son zèle lui montrait en eux de pauvres gens à qui il y avait du bien à faire. Ce fut moi qui, jeune vicaire, découvris qu'une bonne demi-douzaine de mariages faits dans notre église étaient radicalement nuls. Le curé, averti, se munit des pouvoirs nécessaires, se rendit chez les mariés, leur fit renouveler leur consentement devant deux témoins qu'il avait eu la précaution d'emmener, et il régularisa ainsi des unions à qui il ne manquait que d'être valides.

Il y a là, dira-t-on, quelque chose d'assez difficile à entendre : l'abbé A. bénit un mariage, et il est valide; son confrère, M. B., eût prononcé les mêmes paroles et son acte eût été nul, et nul par clandestinité! Ainsi, 2000 personnes auront assisté à un mariage, les journaux ont annoncé la cérémonie, ils en ont fait le compte-rendu minutieux, on n'a parlé que de cela pendant huit jours, et vous nous dites que ce mariage est clandestin? C'est donc que les mots ont perdu leur signification!

Pour justifier cette réglementation, si sévère qu'elle puisse paraître dans quelques cas, il suffit d'interroger l'histoire de notre législation canonique. Par sa nature, le mariage est un contrat, un engagement réciproque, une donation solennelle de leur personne que les époux se font mutuellement en vue de fonder une famille et d'attirer sur leur union les grâces que l'Église attache aux sacrements. Dans ce contrat, les futurs époux sont les agents directs; la théologie voit en eux les « ministres » du sacrement; c'est l'échange de leurs consentements libres qui constitue l'engagement matrimonial, et la bénédiction du prêtre n'est qu'un rite accessoire. Cela est si vrai qu'avant le concile de Trente, la présence du prêtre n'était pas nécessaire; il suffisait d'un engagement pris dans certaines conditions de publicité, et encore ces conditions étaient-elles mal définies, car il en résultait des abus graves : un mari quittait sa femme et déclarait ne l'avoir jamais épousée; si la preuve de l'engagement ne pouvait pas se produire, ou si on avait eu soin de la faire disparaître, il pouvait impunément contracter un nouveau mariage. Les princes chrétiens signalèrent au concile les inconvénients de cette pratique, et c'est le roi de France qui demanda qu'on étudiât le moyen d'y remédier. Entre ceux qui furent proposés et discutés, on s'arrêta à celui qui exige la présence du curé d'un des deux époux et celle de deux témoins. Il était nécessaire, pour que cette innovation prît une force obligatoire et ne tombât pas en désuétude, comme tant d'autres réformes utiles, il était nécessaire d'y joindre une sanction : il fut donc décrété *décret Tametsi* que tout mariage contracté en violation des prescriptions conciliaires serait nul. Il s'en suit que dans les pays où les décrets du concile de Trente ont été régulièrement publiés, la présence du curé de l'une des parties, ou de celui qu'il a délégué, est essentielle à la validité du mariage. Ce n'est pas que le prêtre soit devenu le ministre du sacrement; c'est à tort que les coutumes de l'Église gallicane avaient introduit dans les actes des formules comme celle-ci : « J'ai donné le sacrement du mariage. » Les conjoints sont toujours les ministres du sacrement et le curé n'est qu'un témoin, mais un témoin dont la présence est indispensable, bien que son rôle se réduise à reconnaître authentiquement l'échange des consentements[1].

On a décrété que ce serait le curé qui assisterait aux mariages et non un prêtre quelconque, parce que le curé, connaissant ses paroissiens, était seul en état de constater que les futurs époux étaient libres de tout engagement antérieur.

J'ajouterai que les conditions de la vie moderne ont transformé nos mœurs sur bien des points; aussi le décret n'atteint-il plus aussi exactement l'abus qu'il devait empêcher: dans les grandes villes surtout, avec l'énorme extension des paroisses et l'instabilité de la population, le curé n'est plus en état de connaître tous ses paroissiens et de remplir la fonction de témoin qualifié que lui assigne le concile. L'archevêque de Cologne, celui de Malines, de qui relève l'agglomération bruxelloise, se sont fait autoriser, il y a quelques années, à étendre la compétence matrimoniale de leurs curés à toute la population du diocèse. Depuis le synode tenu à Paris en 1902, pareille pratique est introduite dans notre capitale : par une délégation générale donnée par Son Éminence, tous les prêtres approuvés pour bénir les mariages reçoivent la juridiction nécessaire pour assister à tous les mariages célébrés dans le diocèse, entre diocésains, car l'archevêque n'a pas de juridiction sur les diocésains des autres évêques, et ne peut en donner plus qu'il n'en possède. Il est défendu de se servir arbitrairement de ces pouvoirs dont l'exercice normal continue à être réservé aux curés et à leurs premiers vicaires: un prêtre qui marierait sans délégation les diocésains qui ne relèvent pas de lui peut encourir un blâme, s'il a agi par négligence, et même des censures. s'il n'a pas agi de bonne foi, mais le mariage, encore qu'illicitement contracté, n'en est pas moins valide, et tout recours pour obtenir une déclaration de nullité n'aurait plus aujourd'hui aucune chance d'être admis.

---

[1] On voit donc que le mariage fait devant un Père capucin dans la pièce : *Cyrano de Bergerac* est absolument nul; il n'en est pas de même de celui que fait le Père dominicain dans *Roméo et Juliette*, car l'action dramatique du drame de Shakespeare se passe avant le concile de Trente.

III

Nous voici arrivés à ce qui est l'essence même du contrat matrimonial, je veux dire au libre consentement qui en est la condition absolue : chez les peuples sauvages, comme dans les pays musulmans, il est rarement tenu compte des intentions personnelles des futurs époux; souvent, l'épousée est remise à son mari sans qu'on l'ait même consultée, et parfois le mari lui-même ne sait pas quelle femme on associe à sa destinée; il est vrai qu'elle le sera si peu! et, du reste, si elle lui déplaît, il a la faculté d'en prendre une ou plusieurs autres. Dans les sociétés qui sont pénétrées de l'idée chrétienne, l'adhésion des futurs conjoints est, au contraire, requise : « La cause efficiente du mariage est le consentement », lit-on dans Pierre Lombard, l'un des premiers codificateurs des lois canoniques, et le Code Napoléon reproduit cette disposition dans son article 146. « Il n'y a pas de mariage lorsqu'il n'y a pas de consentement. » — « Il n'y a pas de mariage », cela ne veut pas dire que le défaut de consentement rende le contrat susceptible d'être cassé; « il n'y a pas de mariage », le mariage n'existe pas et n'a jamais eu d'existence.

Mais comment admettre que cette absence de consentement soit possible? N'a-t-il pas été constaté que les futurs époux se sont présentés à l'église et y ont échangé les paroles sacramentelles d'où résulte le lien matrimonial? L'ensemble des circonstances qui ont précédé et suivi la cérémonie, les stipulations d'intérêt débattues et consenties, les préparatifs de toute sorte, la comparution préalable au tribunal de la pénitence attestée par le billet de confession, et jusqu'à l'appareil extérieur de la fête de famille, tout cela ne constitue-t-il pas un ensemble de raisons extérieures qui ne laissent pas de doute sur l'intention de contracter? Et après le mariage, ne sait-on pas que les époux ont vécu ensemble, sans que rien puisse laisser penser qu'ils n'acceptaient pas le fait accompli?

Il y a, je l'admets sans peine, beaucoup de mariages qui se concluent sans qu'il y ait de part et d'autre un grand enthousiasme; des motifs de convenance, des combinaisons d'intérêts, des nécessités de situation aboutissent à ce qu'on appelle des mariages de raison: parfois, au contraire, un entraînement passager précipite une union en quelque sorte improvisée, dont on n'a pas pris le temps de peser les avantages et les inconvénients; il y a consentement « résigné » dans le premier cas, irréfléchi dans le second, mais il y a un consentement dont il est difficile de contester la valeur et dont on n'anéantira pas les effets par de simples probabilités. Il existe en faveur du mariage une présomption, et pour détruire cette présomption il faut des arguments probants. Ces arguments sont délicats à établir, mais il n'est pas exact que la preuve ne puisse jamais se faire.

Voici une jeune fille qui se marie : peu après la cérémonie, elle donne des signes manifestes de folie incurable. On se renseigne et on apprend (pourquoi l'apprend-on si tard?) qu'avant le mariage, elle a eu des crises de démence, qu'il a fallu momentanément l'enfermer; on a dit aux parents : « Ce sont des accidents qui passeront après le mariage »; et les parents, profitant d'une amélioration passagère, l'ont mariée. Tout porte à croire que, pendant la période de calme relatif où la laissait son mal, elle ne jouissait pas cependant de la liberté d'esprit nécessaire pour s'engager dans le mariage. Or, pour donner un consentement utile, surtout en matière aussi grave, on doit jouir d'une pleine liberté d'esprit, faute de quoi le consentement est imparfait et le contrat nul. C'est ainsi qu'il a été jugé dans plusieurs causes ecclésiastiques et la jurisprudence des tribunaux civils s'est fixée dans le même sens.

Tout autre serait le cas si la folie n'avait éclaté que postérieurement à la conclusion du mariage; le devoir de l'époux sain d'esprit est alors de soigner le conjoint malade, de veiller à son bien-être, de tout essayer pour procurer sa guérison si elle est possible; l'association matrimoniale, une fois conclue, crée là un devoir qui relève autant de la justice que de la charité. La jurisprudence civile, si facile quand il s'agit d'accorder le divorce, s'est toujours refusée à admettre que le malheur de devenir fou constitue une de ces injures graves qui lui permettent de prononcer la dissolution du mariage

Le consentement peut être vicié par l'erreur, quand cette erreur porte sur un point essentiel. Un homme jeune, de manières distinguées, est présenté dans une famille; il est comte ou marquis, fait sonner bien haut ses relations et ses alliances, parle de ses propriétés, de son château; il s'insinue rapidement dans les bonnes grâces des parents émerveillés, fait battre le cœur de la fille et l'épouse. Bientôt, la vérité se découvre : il n'est ni comte ni marquis, il n'a ni château, ni domaines, c'est un aventurier qui s'est fabriqué de faux papiers; il a simplement jeté de la poudre aux yeux d'honnêtes bourgeois dont il a exploité la naïveté; la cour d'assises le réclame. Que valait son mariage? Son nom même ne lui appartenait pas : au lieu d'un gentilhomme, on est en présence d'un repris de justice; n'y a-t-il pas une erreur substantielle qui vicie le contrat et en annule les effets?

Une situation pareille est sans doute bien extraordinaire, bien invraisemblable, mais a-t-on déjà oublié les aventures du prétendu prince de Vitanval? A-t-on jamais touché le fond de cet abîme qu'est la crédulité des honnêtes gens? Je reconnais cependant que des erreurs de cette taille se produisent rarement. On pensait épouser une jeune fille douce et elle a un caractère insupportable: on la disait bonne musicienne et elle chante faux; on avait attribué à ses parents une grosse fortune et voici que se révèlent de fâcheuses hypothèques; il y avait un oncle à héritage, mais on est brouillé avec lui: le jeune homme qu'on disait rangé, a un passé désastreux qui menace de se prolonger parallèlement avec la vie conjugale. L'Église est-elle autorisée à dire que de telles erreurs infirment le mariage? Il n'en saurait être ainsi: on sent combien il serait dangereux de s'engager dans cette voie; il suffirait alors d'une illusion déçue pour ouvrir un débat qui ne produirait que des scandales. C'est avant le mariage que les parents doivent faire une enquête discrète sur les antécédents, le caractère et la fortune; les jeunes gens ont dû se voir assez pour se connaître un peu et savoir s'ils sont faits pour s'accorder. C'est une sorte de noviciat dont les exercices ont leur importance. A qui doivent s'en prendre ceux qui les ont négligés et qui se sont trop hâtés de faire profession?

Si le cas d'erreur est à peu près chimérique, en dirons-nous autant de celui où le consentement est influencé par la violence et la contrainte?

Il y a quelques années vivait, dans une grande ville d'Orient, un jeune commerçant qui, en tout bien tout honneur, faisait la cour à une jeune fille; or, un beau jour, il se retira. Les frères de la jeune fille, personnages assez importants, jugèrent qu'une injure leur avait été faite en la personne de leur sœur; ils étaient en crédit auprès du pacha, et le jeune homme fut mis en prison. Il passa une quinzaine de jours pêle-mêle avec d'affreux gredins, dévoré par la vermine, à peine nourri et régalé de coups de bâton. Quand on jugea qu'il avait assez réfléchi sur les inconvénients de la versatilité, on le fit sortir et on lui posa cette question : « Epousez-vous? — Non. — Qu'on le remette en prison! » Après un nouveau stage dans la geôle turque, on l'interrogea de nouveau, et, cette fois, il dit : « Oui! » mais un « oui » qui ne sortait pas du cœur. Le mariage fut célébré; peu après, le mari par force s'adressa à Rome pour faire dire que ce consentement extorqué n'était pas valide. Pas un de mes lecteurs n'hésiterait à lui rendre sa liberté... Il fut cependant déclaré marié, et bien marié. Il fut produit une correspondance où l'époux, pendant un voyage d'affaires, écrivait à sa femme des choses fort affectueuses; un doute s'éleva sur la réalité de la contrainte et ce doute suffit pour empêcher la nullité d'être déclarée.

Cosas de Oriente! va-t-on m'objecter; dans nos pays civilisés, on ne connaît rien de pareil! Voici ce qui s'est passé à Paris : un homme veuf vit avec une sorte de mégère; il a une fille de dix-huit ans, témoin incommode d'une existence de désordre; il veut se débarrasser d'elle et la marier au plus vite; elle refuse le parti qu'on lui présente, et alors commence pour elle une existence épouvantable : menaces, injures, coups, affronts de toute sorte, ne lui sont pas épargnés: on ne lui laisse pas un sou et on l'accable de travaux au-dessus de ses forces; elle souffre dans son cœur, dans sa conscience et dans sa pudeur; elle cède, enfin, à bout de courage et épouse un goujat qui rentre chaque soir empestant l'alcool, pour la brutaliser et l'insulter. Pouvait-on dire qu'elle avait épousé librement cet homme et qu'elle n'avait pas agi sous l'empire de la menace et de la violence? Elle avait pourtant dit « oui », mais sa volonté était-elle indépendante?

Passons à l'autre extrémité de l'échelle sociale. Cette fois, nous sommes dans une famille de grande aristocratie : les enfants y sont élevés avec le sentiment que l'autorité de leurs parents est, en quelque sorte, une prolongation de la puissance divine; jamais on n'a laissé éclore dans leur esprit l'idée qu'on peut résister à un ordre ou même à un désir qu'ils ont exprimé. Un parti est choisi pour une des jeunes filles : qu'en pense-t-elle? A-t-elle à en penser quelque chose? Elle hésite, car son cœur n'a pas parlé ou, du moins, s'il parle, c'est d'un autre. Fondant en larmes, elle demande tout au moins un délai. « Eh quoi! cette petite fille va savoir mieux que nous quelle alliance lui convient? » La voici traitée en révoltée : on la met comme en quarantaine, privée de toutes les distractions qu'on avait l'habitude de lui prodiguer; ses parents ne lui adressent plus la parole qu'avec une raideur glaciale : plus de caresses et plus de confiance; les autres parents, les vieux amis de la maison, lui parlent d'une voix attristée, où elle sent une pitié humiliante: elle se voit comme excommuniée par tous ceux qui l'aiment ou qui l'aimaient, car elle se sent maintenant indigne, criminelle, pour avoir essayé de déshonorer un grand nom par un amour presque roturier. Il faut bien que cela finisse : elle cède; le cœur déchiré, elle se dispose à une union qu'elle déteste et qu'elle n'aura que trop raison de détester. Cependant, on peut dire qu'elle a accepté ce mariage : aucune contrainte physique ne s'est exercée sur elle et elle a consenti. Oui, elle a consenti comme l'animal qui, longtemps poursuivi par la meute, s'arrête, haletant et à bout de forces, pour se livrer au couteau du piqueur. Dira-t-on que le cerf est allé volontairement à la curée? Dira-t-on que la pauvre enfant s'est spontanément livrée à un homme qu'elle n'aimait pas et qu'à bon droit elle pouvait redouter?

Cette situation émouvante n'a pourtant pas semblé d'abord susceptible de provoquer l'annulation, et les premiers juges l'ont refusée : la contrainte morale résultant de la « crainte révérentielle » n'était pas, selon eux, l'équivalent de la violence proprement dite : telle avait paru être jusqu'alors la jurisprudence commune des congrégations romaines. Dans ce cas particulier, les cardinaux ont penché vers une interprétation moins stricte de la loi : on a déclaré la nullité, et c'était justice.

Des cas semblables sont-ils fréquents? Heureusement non, tout au moins avec un tel concours de circonstances tragiques, et c'est cependant sur le motif de la contrainte que reposent la plupart des demandes en nullité de mariage qui sont présentées devant les officialités.

Le consentement intérieur est en soi un acte qui échappe aux investigations de l'analyse; lorsqu'une personne exprime un consentement, il n'est pas possible de discerner si elle consent réellement ou si elle feint de consentir. La seule chose facile à constater, c'est le consentement extérieur et, jusqu'à preuve du contraire, cet acte d'adhésion, ce « oui » entendu par le prêtre, les témoins et les assistants, sera regardé comme la manifestation d'un consentement librement donné. Sans doute, il n'est pas rare que ce soit un « oui » timide et hésitant; pour bien des jeunes filles, le futur époux ne réalise pas absolument l'idéal qu'avait bâti une imagination quelque peu romanesque : certainement ce monsieur est très bien, il a des qualités sérieuses, ou paraît les avoir, mais... il y a toujours, ou presque toujours, un « mais » qui fait ombre dans le tableau. C'est le point noir sur lequel on a tâché de fermer les yeux, et souvent on a raison, car il se dissipe; les craintes qu'on avait éprouvées disparaissent et le bonheur à demi entrevu dépasse les prévisions. Mais quelquefois aussi on ne tarde pas à comprendre tout ce que les espérances avaient de chimérique, et la lune de miel se voile rapidement de nuages orageux. Une femme chrétienne a besoin alors de toute l'énergie que lui inspire le sentiment du devoir pour accepter la vie qui s'ouvre devant elle, pour gravir la côte aride et raboteuse qu'elle voit monter à perte de vue; soutenue par sa foi, elle marchera bravement jusqu'au terme, heureuse si elle rencontre un tournant après lequel le sol s'aplanira et si viennent enfin s'épanouir sous ses pas quelques fleurs dont le parfum embaumera les dernières étapes du voyage. Tout passe en ce monde, même les chagrins, et la journée commencée sous la menace de la tempête se termine parfois par un crépuscule radieux. Mais il faut savoir attendre et souffrir en attendant ; or, notre siècle, altéré de jouissances, pourvu qu'il n'ait pas à les conquérir, se révolte à la pensée de l'attente et de l'effort. Beaucoup de femmes n'ont pas le caractère assez fortement trempé pour savoir affronter l'épreuve (est-ce l'effet de l'éducation qu'on leur donne? J'en ai bien peur, mais je n'ai pas à l'examiner ici), trompées dans leurs illusions, elles n'ont pas la résistance nécessaire pour se résigner et souffrir en silence ; elles trouvent la porte du divorce qu'on a imprudemment ouverte sur leur route, elles s'y jettent tête baissée et mettent derrière elle l'irréparable.

C'est alors que, récapitulant dans sa tête les événements passés, la femme malheureuse refait à sa manière l'histoire des quelques mois qui ont précédé son mariage, elle note ses hésitations, ses petites contrariétés, et jusqu'aux moindres incidents ; ses parents lui ont fait remarquer certains avantages auxquels elle n'avait pas pensé : on l'a donc influencée ; ils ont répondu à quelques objections : c'est qu'elle n'en voulait pas, de ce mariage ; ils lui ont reproché ce qu'ils appelaient des caprices d'enfant boudeuse : elle a pleuré ; c'est qu'on la contraignait, on attentait à sa liberté ! Pouvais-je consentir à épouser un tel monstre? Non, je ne le pouvais pas, donc je ne l'ai pas fait... Bannissant alors de sa mémoire le souvenir de ses beaux jours de fiancée, alors que, ravie par l'espérance d'un bonheur qui lui paraissait certain, elle appelait de ses vœux une heure trop lente à sonner, oubliant que ses hésitations ont été passagères, que son cœur était pris et que sa joie avait débordé le jour où on avait demandé sa main, elle se dit, elle se croit une victime livrée au Minotaure, elle proteste que son consentement n'a jamais été donné, elle demande qu'on la délivre d'une chaîne que, libre, elle n'eût jamais acceptée. Par pitié pour son malheur, qui est réel, des parentes ou des amies écoutent ses doléances, y compatissent, refont mille fois avec elle l'histoire de ce déplorable mariage ; elles la savent par cœur et, par un phénomène d'autosuggestion, finissent par croire que tout cela est véritablement arrivé.

Le procès commence, les témoins défilent, prolixes et vagues, répétant les mêmes doléances, mais la preuve de la contrainte ne vient pas. On sait que la demanderesse est malheureuse, qu'elle s'en est plaint à nombre de personnes, mais qu'au moment du mariage elle ait subi une pression annihilant sa volonté, c'est le seul point important dans l'affaire et, en dehors de l'intéressée, personne ne sait rien que par ouï-dire; la demande doit donc être repoussée et c'est parfois bien dommage, car il se rencontre beaucoup de cas où l'annulation mettrait fin à des situations lamentables. La question n'est malheureusement pas là, je crois l'avoir montré; les procès en nullité ont pour objet de constater l'existence d'un empêchement, ou l'absence du consentement; la moralité des parties n'a pas à être jugée, non plus que les circonstances spéciales où elles se trouvent. Il est arrivé que des annulations ont profité à des gens médiocrement recommandables et qu'elle a été refusée à d'autres en faveur de qui tout militait : nom, famille, vertu, dignité de la vie, l'intérêt qu'inspirent des malheurs immérités, l'admiration qu'on éprouve en les voyant supportés avec une véritable grandeur d'âme…, tout était réuni, mais il manquait un cas de nullité, et c'est avec le cœur serré que l'Official prononce certaines sentences négatives, dont il ne dépend pas de lui de modifier les termes.

Je passe sur un certain nombre de nullités prévues par le droit, mais qui sont ou tombées pratiquement en désuétude, ou trop rares pour trouver place dans un travail sommaire, ou trop spéciales pour pouvoir être développées ici sans fatiguer l'attention du lecteur.

Il a été parlé jusqu'à présent des cas de nullité : il reste à nous occuper de ceux où une dispense est accordée pour un mariage valide; dans l'état actuel de la législation, au moins en France, ces cas se réduisent à un seul. Il se rapporte à des situations tant soit peu scabreuses; ce sont des matières fort délicates, pour lesquelles il est difficile de trouver des circonlocutions. Je m'efforcerai de me faire entendre sans offenser personne, et si je n'y réussis pas, j'en fais d'avance mes humbles excuses.

Nous avons vu que le droit civil actuel et le droit ecclésiastique sont d'accord pour déclarer que le mariage résulte purement et simplement du consentement. Une divergence s'était produite sur ce point au moyen âge, entre deux écoles : l'opinion qui a prévalu était prise dans le droit germanique; d'après le droit romain, au contraire, le contrat n'était définitif qu'après la remise de la chose qui en faisait l'objet : à l'acheteur d'un cheval, on mettait en main la bride de l'animal; à celui qui acquérait un champ, on donnait une motte de terre : c'était la *tradition* de la chose qui transférait la propriété. On voit, sans qu'il y ait à insister, quelle était l'application de cette théorie, lorsqu'il s'agissait du contrat spécial que constitue le mariage. Ainsi, quand le bon saint Alexis, le jour même de ses noces, abandonnait parents, épouse, biens et patrie, pour aller bien loin de son pays mener une vie pénitente et cachée, il se plaçait, quant au mariage, dans une position intermédiaire qui n'était ni celle d'un célibataire, ni celle d'un homme légalement marié.

Tout en adoptant en principe la théorie du droit barbare, l'Eglise n'en conserva pas moins quelque commisération pour les époux qui, tout en ayant manifesté extérieurement leur consentement, se sont arrêtés au seuil de la chambre nuptiale, et cette indulgence a fini par entrer dans les lois. Pour voir quelle peut être l'utilité de cette disposition, nous pouvons reprendre l'exemple cité plus haut de cet aventurier qui s'est fait épouser en produisant un faux état civil. Supposons qu'en sortant de l'église, il soit appréhendé par les gendarmes et condamné comme faussaire ; sa femme, au lieu de plaider la nullité pour erreur sur la personne, a devant elle un autre moyen de sortir de la fausse position où elle se trouve. Elle s'adressera au Souverain Pontife pour obtenir non pas la nullité d'un mariage dont il faudrait plaider et prouver l'invalidité, mais la dispense d'un mariage qui n'a existé qu'à l'état de contrat imparfait et inconsommé. Si ce cas particulier est peu commun, il n'est pas rare, au contraire, que pour des causes différentes, la situation respective de deux époux soit identique : la conformation physique ou les dispositions morales mettent un certain nombre de jeunes ménages dans des conditions qui, constatées par des médecins experts, leur permettent de solliciter et d'obtenir la dispense d'un mariage ; ce mariage, encore que librement et validement consenti, n'a pu avoir (ou n'a pas eu) les suites d'ordre physiologique qui en sont la conséquence normale et une concession du Souverain Pontife peut permettre aux deux parties de reprendre leur liberté.

IV

Nous connaissons, au moins dans leurs grandes lignes, les cas où le mariage peut être annulé ; il nous reste à dire comment ces affaires sont instruites et jugées.

C'est un principe de droit canonique que pour être exécutoire, une déclaration de nullité doit avoir été l'objet de deux sentences consécutives rendues, l'une en première instance par un tribunal épiscopal, la seconde par une juridiction d'appel, celle du métropolitain, ou plus souvent d'une des congrégations romaines. Les causes jugées en France vont ordinairement devant la Congrégation du Concile. Cette congrégation, formée pour interpréter les décrets du concile de Trente, a dans sa compétence toutes les causes qui se jugent en vertu de la législation édictée par ce concile, et les causes matrimoniales sont de ce nombre. Les cardinaux qui la composent prononcent après avoir fait de chaque affaire une étude personnelle; ils sont assistés par des consulteurs recrutés parmi les ecclésiastiques séculiers ou réguliers versés dans les sciences canoniques. Ces consulteurs ont à rédiger un rapport où sont résumés les principes théoriques sur lesquels doit reposer la sentence; comme ils n'ont pas voix délibérative, leurs conclusions sont présentées sous la forme de vœux, d'où le nom de *votum* donné à leurs mémoires.

Au-dessous des consulteurs existe à Rome un organisme appelé le *Studio*; c'est une assemblée, une conférence, dirions-nous, de jeunes ecclésiastiques pourvus pour la plupart du diplôme de docteur en droit, et qui, sous la direction d'un prélat réputé pour son expérience, font une étude préliminaire des affaires soumises à la Congrégation; ils en analysent le dossier, groupent et discutent les preuves pour et contre; ils soumettent au président les conclusions qu'ils voudraient voir adopter. C'est, on le voit, une sorte d'école normale ou d'école d'application du droit canonique; avoir passé par cette initiation donne cet esprit concret et pratique dont on a besoin après de longues années employées à raisonner sur des thèses abstraites; la métaphysique se tempère de psychologie, et c'est ce qui donne aux canonistes romains la prudence et la largeur d'esprit que nul, parmi ceux qui les ont vus à l'œuvre, ne saurait s'empêcher d'admirer.

La Congrégation des cardinaux se réunit pour examiner les affaires matrimoniales, une fois par mois, excepté pendant les vacances, et chaque fois, l'ordre du jour (le *foglio*) comporte l'examen de cinq à six affaires de mariage. Le monde entier (déduction faite des pays de missions qui dépendent de la Congrégation de la Propagande) fournit donc annuellement de cinquante à soixante causes de nullité, et la France, depuis la loi du divorce, en envoie au moins la moitié. Ces trente ou trente-cinq affaires, instruites et jugées une première fois en France, représentent à peu près la moitié des causes introduites devant les officialités françaises[1]; quelques-unes, particulièrement simples, peuvent être terminées sans qu'il y ait à faire appel; d'autres échouent en première instance; d'autres sont abandonnées en cours d'instruction, soit parce qu'elles sont reconnues insoutenables, soit parce qu'on arrive à réconcilier les plaideurs

Le tribunal épiscopal de l'Officialité se compose au moins de trois personnes, l'official, le défenseur du lien et le greffier;

---

[1] Cela ferait une affaire tous les ans dans chaque diocèse, mais les causes se répartissent très inégalement; Paris en examine une dizaine chaque année.

l'*official* est désigné par l'évêque pour juger les causes matrimoniales, mais rien n'empêche l'évêque de remplir lui-même cette fonction au lieu de la déléguer. Le rôle du juge-official consiste à rechercher si oui ou non le motif allégué à l'appui de la demande de nullité ou de dispense, est réellement fondé; c'est ce qu'il lui importe de connaître, et ce qui ne concourt pas à établir ou à infirmer la preuve est inutile; or, c'est ce que les témoins ne comprennent pas toujours; il faut cependant les écouter avec patience, car parfois un mot perdu dans une digression fastidieuse peut mettre sur la voie de ce qu'il y a à savoir. Quand le juge dictera au greffier le résumé de la déposition, il n'y fera entrer que ce qui est utile. Il importe avant tout d'empêcher les imputations désobligeantes, ignominieuses même et étrangères au fond du débat que des esprits passionnés essaient de mêler à leurs réponses; il faut savoir couper au moment voulu : les affaires à élucider sont déjà assez attristantes par elles-mêmes pour qu'on ne laisse pas des paroles inconsidérées les envenimer encore plus.

Le *défenseur du lien* fait les fonctions de ministère public; il est chargé de soutenir la validité du mariage, qui, par l'effet de la présomption légale, est réputé régulier jusqu'à preuve contraire. Le défenseur doit assister à la déposition de tous les témoins, aussi bien de ceux qui sont présentés en faveur de la nullité que de ceux qu'il a fait citer pour appuyer ses dires ou simplement pour assurer la régularité de la procédure.

Le *greffier* et ses adjoints rédigent les procès-verbaux des séances, ce qui est une besogne assez lourde, car la procédure est faite tout entière par écrit; les questions à poser aux témoins sont rédigées à l'avance par le défenseur du lien; c'est par écrit que plaidera l'avocat, c'est par écrit que le défenseur du lien fera ses répliques. Le procès qui a occupé parfois vingt séances finit par faire, avec les pièces annexées, un gros volume et c'est avec toute l'instruction sous les yeux que le juge peut préparer sa sentence; il la rend, les parties dûment convoquées, et la fait précéder des considérants qui l'expliquent.

A Paris, à cause de la multiplicité des causes, l'official est assisté par cinq juges assesseurs qui *président* à sa place, et examinent conjointement avec lui les affaires qui doivent être jugées; le défenseur du lien a deux substituts, et, s'il se réserve la direction des causes, il partage avec eux la préparation des interrogatoires et la rédaction des répliques [1].

---

[1] Un journaliste, qui consacre des articles périodiques aux choses d'église, a adressé, entre autres reproches, aux officialités de France,

Les avocats sont des ecclésiastiques pourvus de leurs grades
canoniques, licenciés, sinon docteurs, et qui doivent être agréés
par l'archevêque; leur mission est de donner aux parties les
conseils dont elles ont besoin, de leur indiquer les pièces à
produire, les témoins qu'il leur paraît utile ou nécessaire de faire
entendre, et enfin de présenter par écrit une plaidoirie où le
juge trouvera réunis tous les arguments qui peuvent servir les
intérêts de leur cause.

Quand une affaire est jugée par le tribunal diocésain, la partie
perdante a le droit de faire appel; si c'est la nullité qui a été
prononcée, le défenseur du lien est dans l'obligation de le faire;
une copie intégrale du dossier est envoyée à Rome.

Là, une analyse de la cause est préparée et on l'imprime à un
nombre d'exemplaires suffisant pour que chaque cardinal et
chaque consulteur en puisse recevoir un, ce qui leur permettra de
l'étudier à fond. Les plaidoiries des avocats et les répliques du
défenseur du lien sont également imprimées, et tous les juges
peuvent les lire simultanément. Ce n'est pas qu'à Rome on tienne
beaucoup à aller vite : à la célérité, on préfère la maturité, et
une cause qui ne présente aucune difficulté spéciale peut rarement aboutir en moins de six mois. Souvent, il faut attendre
beaucoup plus : qu'une officialité peu expérimentée ait manqué
à certaines règles de la procédure, la Congrégation répond :
Dilata, et compleantur acta, ce qui veut dire : « Ajourné, pour
que le dossier puisse être complété »; s'il semble aux Eminentis-
simes juges que certains témoins n'ont pas répondu assez expli-
citement, ou qu'on n'a pas interrogé des personnes dont le
témoignage paraît nécessaire : *Dilata ut fiat nova inquisitio* :
« Ajourné pour que soit fait un supplément d'enquête », et une
lettre du secrétaire de la Congrégation indique les points sur lesquels doit porter cette information complémentaire. La procédure
en révision pour « fait nouveau » est également autorisée : le
demandeur qui sollicite le bénéfice d'un nouvel examen est admis
à faire la preuve de ce qu'il allègue; mais s'il paraît prouvé que
ses demandes n'ont pour but que de retarder la solution définitive, alors la Congrégation refuse de s'engager dans le « maquis »;
elle répond par la formule : *Dilata et amplius :* « Ajourné, et
qu'on n'y revienne plus. »

La sentence définitive revient alors au premier tribunal qui

celui d'être composées de gens dépourvus de grades : cela nous a amenés
à faire entre nous une petite statistique, et nous avons reconnu qu'entre
neuf, nous avions onze diplômes de docteur; combien de critiques on
nous adresse qui sont à peu près aussi bien fondées!

n'a qu'à charger un greffier d'aller inscrire la mention d'annulation en marge de l'acte qui a été déclaré invalide.

Rien ne paraît plus régulier et plus rationnel que cette procédure, et elle donne, semble-t-il, toutes les garanties nécessaires à ceux qui sont dans le cas d'y recourir. Mais alors, pourquoi cette opinion si répandue qu'une affaire de nullité est compliquée et surtout onéreuse?

Onéreuse? Que ceux qui ont le moyen de payer leur avocat et de solder les frais du procès aient à faire quelques débours, cela n'a rien qui puisse surprendre et il faudrait avoir l'esprit singulièrement tourné pour s'en scandaliser. Il y a des frais de correspondance, d'écritures, des témoins à indemniser, des experts à « honorer »; il y a pour le tribunal de longues et nombreuses séances pour recevoir les dépositions et pour délibérer; il y a, en un mot, un travail qui justifie une rétribution; mais encore ces frais ne sont imposés à personne; il suffit de demander une modération des taxes pour l'obtenir; souvent, c'est la gratuité absolue, et dans ce cas, l'Officialité ou la Congrégation romaine déboursent de l'argent au lieu d'en recevoir : les frais de copie et d'impression restent à leur charge, et une expertise médicale doit toujours être rémunérée. N'est-il pas juste, dès lors, que les gens riches versent un peu plus qu'il n'est strictement nécessaire, pour permettre d'instruire gratuitement les causes des pauvres? C'est une application du principe de la solidarité.

De même, si un avocat s'attend à recevoir pour ses services un honoraire de 500 francs, il se contentera des 100 francs que lui donnera un client de fortune modeste; il plaidera à titre complètement gratuit pour des indigents qui auront eu besoin de son ministère. Tant mieux pour lui si, par compensation, il profite de loin en loin de meilleurs honoraires.

En ne calculant sur aucune remise, les frais, tant en première qu'en seconde instance, ne montent pas à 5000 francs, et je sais des affaires qui se sont terminées sans que l'intéressé ait eu à débourser un sou.

Écoutez ensuite ce qui se dit : on parle de 20 000, de 30 000 fr.; on a connu une dame qui a dépensé 50 000 francs, et on ajoute que la duchesse de X. y a mis 300 000 francs. La légende, car c'en est une, va son chemin, et fait des petits. De très bons chrétiens y croient, tout en s'en affligeant. Un vieil ami de ma famille est venu me trouver un jour pour m'intéresser à un pauvre Monsieur de sa connaissance qui voulait faire annuler son mariage. « Seulement, voilà! il n'est pas très riche, et je viens vous demander si vous obtiendriez qu'on ne lui prenne que

10 000 francs. — Mais c'est beaucoup trop! Jamais il n'arrivera à dépenser cela! » Surprise de l'ami. « Au fait, quel est le cas de nullité? — Sa femme boit. — Ce n'est pas un cas de nullité. — On a dû l'enfermer. — Impossible. — Il a obtenu le divorce. — Il n'obtiendra pas la nullité et son argent n'y changera rien. »

Les légendes ne se forment pourtant pas spontanément, et toutes les histoires qu'on raconte n'ont pas été inventées à plaisir : ceux qui sont intéressés à les détruire ont eu à s'inquiéter des causes qui les ont fait naître.

Nul n'ignore qu'aux abords des Palais de justice évolue tout un monde interlope d'agents véreux qui opèrent sur les marges du Code et vivent d'opérations louches en attendant qu'ils puissent mettre la main sur un bon « gogo » dont ils tireront tout ce qu'il est capable de rendre. Le monde ecclésiastique possède malheureusement quelques-uns de ces déclassés : *monsignori* dont le nom ne se trouve pas sur le catalogue de la prélature, dignitaires plus ou moins authentiques des Églises orientales, laïques se disant chevaliers ou commandeurs d'ordres mal définis. Dans la ruche romaine où tant d'abeilles travaillent avec un zèle désintéressé, ce sont les frelons dont l'inutile bourdonnement attire l'attention et sait capter la confiance des naïfs. Ils prétendent avoir des moyens sûrs pour faire aboutir n'importe quelle affaire; ils parlent de ressorts mystérieux qu'ils sont à même de faire jouer; le public, — sait-on combien le public est crédule? — le public avale toutes ces billevesées, et d'autant plus facilement qu'elles sont plus extraordinaires: il faut naturellement financer, et largement, car il est prononcé des noms considérables. Pendant ce temps, l'affaire mise tout bonnement entre les mains d'un avocat honorable qui ne soupçonne rien, suit son cours normal, et, si elle se termine bien, le malheureux exploité s'imaginera que, pour avoir gain de cause, il a dû corrompre la moitié du Sacré-Collège: l'officieux, qui a empoché des sommes énormes, se garde bien de le désillusionner [1].

Un certain Oriental avait inventé autre chose : il se donnait comme le fondé de pouvoirs d'un prélat qui avait obtenu pour les fidèles relevant de son autorité, le pouvoir de dispenser du mariage; pour bénéficier de ce privilège, il suffisait de dépendre ecclésiastiquement de ce prélat lointain : on y parvenait sans peine, sinon sans débours, en se rendant acquéreur d'une propriété située là-bas, du côté de Chypre ou de Diarbékir, je ne sais

[1] Le meilleur conseil à donner à qui croit avoir un cas de nullité de mariage à faire valoir, c'est de s'adresser directement à l'évêché de son diocèse où lui seront donnés tous les renseignements nécessaires.

plus : la somme versée était grosse, et on recevait une pièce
dépourvue de toute valeur, car la propriété, le prélat et le pouvoir
qu'on lui attribuait, tout cela n'existait pas plus l'un que l'autre.

On a vu encore plus fort : une dame se présente un jour à
l'Officialité de Paris pour demander s'il était permis de déposer
devant l'autorité ecclésiastique dans un procès de mariage :
« Certainement, Madame; où devez-vous être interrogée? — A
Paris. — C'est ici que vous êtes convoquée? — Non, c'est rue
Bleue. » On sut que là siégeait, en effet, un pseudo-tribunal qui
instruisait des demandes en nullité et qui donnait des sentences
auxquelles il ne manquait que d'être prononcées au nom de
l'autorité compétente. J'ai eu entre les mains une procédure sortant de cette officine; elle était d'ailleurs admirablement bien faite
et plus d'un s'y serait trompé. L'organisateur de cette vaste
escroquerie était un fameux chanoine, non pas un vague chanoine
honoraire de Porto-Rico ou de Zanzibar, mais chanoine d'une des
plus illustres métropoles du centre de la France; il est inutile de
chercher son nom dans les annuaires, car il n'y figure plus.

Personne ne songera à exploiter contre l'Eglise des indélica-
tesses qu'elle réprouve et réprime, mais tout le monde ne tombe
pas dans les griffes des aigrefins. Pas mal de plaideurs qui ont
suivi la voie correcte se trouvent, une fois la cause terminée,
avoir dépensé beaucoup d'argent. Pourquoi?

Nous vivons dans un temps où fleurit le régime des recommandations; qu'on désire obtenir une faveur, qu'on veuille même faire
valoir un droit, c'est un axiome aujourd'hui qu'il faut être recommandé. On dira que le mal n'est pas d'hier, que la sollicitation
auprès des puissants du jour a été de tous les temps, mais nos
mœurs publiques présentent un beau cas de cette vieille maladie :
depuis le candidat aux fonctions de balayeur ou de garde-barrière
jusqu'à ceux qui aspirent aux plus hautes charges, il est, paraît-
il, nécessaire d'être appuyé, recommandé, « pistonné », comme
on dit, et il n'y a pas jusqu'aux malheureux distributeurs de
diplômes de bacheliers qu'on n'essaie de circonvenir; ceux qui
sont gens d'esprit s'en amusent; quand on a une famille à nourrir
et des enfants à caser, on ne fait pas d'esprit, mais on tâche de ne
pas voir que le protégé du sénateur ou du journaliste ministériel
ne sait pas l'orthographe [1].

Puisqu'il en est ainsi dans tant de compartiments de la société,
pourquoi croirait-on que le clergé fasse exception? Les prêtres ne

[1] Il est arrivé cependant que le protégé du sénateur soit refusé; et, ce
qui est encore plus remarquable, les professeurs de la Faculté de droit ont
été jusqu'à blackbouler le sénateur en personne.

sont pas tous avares de recommandations, il en est même qui en demandent : pourquoi n'essaierait-on pas de ce moyen? Mme N. plaide pour faire annuler son mariage : elle dépêche à l'archevêché son curé, un conseiller municipal et son oncle, qui a été sous-préfet « sous le Maréchal ». Pour Rome, il faudra corser un peu : on a un ami qui, étant attaché d'ambassade, a connu le cardinal..., qui était alors secrétaire de nonciature; puis, il y a un Père Dominicain qui lui a parlé du maitre du sacré palais; enfin, on a une amie dont la sœur va tous les ans passer l'hiver à Rome et connaît tous les cardinaux. Vite, le diplomate, le Révérend Père et l'amie écrivent pour recommander une affaire dont ils ne connaissent pas le premier mot, à quelqu'un qui n'aura pas à s'en occuper: on leur répond poliment, car on est très poli à Rome, et l'affaire en reste là.

Il faut pourtant arriver : l'avocat a écrit que c'est le mois prochain que l'affaire sera examinée. La solliciteuse prend le train, la voilà à Rome: elle rend visite aux cardinaux, aux prélats et à tous ceux qu'elle peut saisir. On la reçoit avec cette courtoisie un peu froide qui est d'étiquette là-bas: si elle a quelque conversation et qu'on ait le temps, on s'amuse à la laisser causer: mais quand elle entre dans le vif de la question, les physionomies deviennent de bronze et, très poliment, — toujours, — on lui donne à entendre qu'elle est un peu trop curieuse. Le jour de la sentence arrive, et si elle est favorable, on peut dire : « Si vous saviez, ma chère, ce qu'il m'en a coûté de pas et de démarches! »

Pas et démarches? Et rien de plus? Les recommandations et les visites, c'est bien... sommaire, s'il n'y a pas quelque chose après : nous voilà donc à la question d'argent.

Un plaideur qui se présentait devant l'Officialité de Paris termina sa déposition en disant d'un air distrait que, s'il obtenait gain de cause, il verserait 10 000 francs pour les œuvres de Monseigneur. Avant cette parole imprudente, son affaire semblait très claire: on y regarda de plus près, on trouva qu'elle ne l'était pas autant qu'on l'avait cru et, si elle finit par aboutir, ce ne fut pas sans peine. Quant aux 10 000 francs, on n'en entendit plus parler. Dans une autre circonstance, ce fut une liasse de 30 billets de 1000 qu'on fit soupeser de l'œil à quelqu'un de ma connaissance : le tentateur comprit, au premier mot, qu'il s'était fourvoyé et rempocha son paquet. Sa demande était juste et il obtint gain de cause, bien qu'il le méritât peu.

A côté de ces offres brutales, il y a les moyens détournés : on fait des largesses à une œuvre et on s'arrange pour que le fait ne passe pas inaperçu en haut lieu. A Rome, on apprend qu'un cardinal fait bâtir une église ou patronne un orphelinat; on croit servir sa cause en contribuant avec quelque ostentation. C'est paraître oublier que si, à Rome, il est d'usage de donner 40 sous à la livrée, quand on sort de chez un cardinal, il n'est pas admis que le cardinal lui-même reçoive un pourboire; les distributeurs de largesses en sont pour leurs frais, et quand le moment est venu de juger, on donne raison à qui a raison.

Madame supputera alors ce que lui a coûté son procès : dîners à des gens influents, cadeaux à ceux qui passent pour avoir influé, voyage à Rome, six semaines à l'hôtel d'Angleterre, excursions et aumônes, achat d'un Corrège moderne et d'une paire de vieux fauteuils..., pour peu qu'elle ait été passer une quinzaine à Naples, nous sommes bien près des 30 000 francs. Que vous disais-je donc, que les annulations ne sont pas à un prix abordable!

En ce qui concerne les personnes qui ne jettent pas inutilement leur argent par les fenêtres, il n'y a rien à retenir des médisants racontars auxquels j'ai fait allusion. Ce que nous savons de la manière dont les causes sont examinées à Rome fournit, d'ailleurs, une réponse à tout ce qu'on pourrait alléguer. Aucune affaire n'est résolue par un seul juge : elle doit être examinée dans les bureaux, dépouillée au Studio, imprimée, distribuée à une vingtaine de consulteurs et à une douzaine de cardinaux; deux consulteurs rédigent chacun un rapport, l'avocat plaide, le défenseur du lien fait son office. L'affaire est alors connue sous toutes ses faces, tous les arguments pour et contre ont été exploités. Les cardinaux entrent en séance, formulent leur opinion et la soutiennent, s'il y a lieu, comme des hommes savants qu'ils sont, et soucieux de ne pas compromettre leur renom scientifique en patronant quelque opinion indéfendable : ils y sacrifieraient une partie de leur prestige, de leur autorité et de leur influence. Supposons cependant (et je fais une simple supposition) qu'un cardinal se soit laissé gagner à une mauvaise cause : cela ne servirait de rien, ce n'est pas un cardinal qu'il faut acheter, ni même deux, ni même trois, c'est la majorité des cardinaux. On n'a jamais eu l'audace, que je sache, d'affirmer une pareille énormité, et pour cette raison que personne n'y aurait cru.

La légende n'en existe pas moins, si absurde qu'elle soit. Longtemps encore on trouvera des gens pour dire et croire que les nullités sont accordées à deniers comptants; le public s'obstinera à engraisser les chevaliers d'industrie qui « connaissent quelqu'un de très influent à Rome », et on sollicitera des rabais pour des procès qui peuvent se plaider gratis.

PARIS. — E. DE SOYE ET FILS, IMPRIMEURS, 18, RUE DES FOSSES-SAINT-JACQUES.

LE
CORRESPONDANT

RELIGION — PHILOSOPHIE — POLITIQUE

HISTOIRE — SCIENCES — ÉCONOMIE SOCIALE

BEAUX-ARTS — LITTÉRATURE — VOYAGES

SOIXANTE-SEIZIÈME ANNÉE

PARAIT LE 10 ET LE 25 DE CHAQUE MOIS

PARIS, DEPARTEMENTS & ETRANGER :

UN AN : **35** FR. — SIX MOIS : **18** FR. — UN NUMÉRO : **2** FR. **50**

ADMINISTRATION ET RÉDACTION

PARIS. — 31, RUE SAINT-GUILLAUME

www.ingramcontent.com/pod-product-compliance
Lightning Source LLC
LaVergne TN
LVHW051325200726
843510LV00002B/510